Dedicato a Giovanni Paolo II

Dedykowane Janowi Pawłowi II

Titolo | Dedicato a Giovanni Paolo II
Autore | Salvatore Giuliano Franco
ISBN | 978-88-91161-66-6

Youcanprint Self-Publishing
Via Roma, 73 - 73039 Tricase (LE) - Italy
www.youcanprint.it
info@youcanprint.it
Facebook: facebook.com/youcanprint.it
Twitter: twitter.com/youcanprintit

la Parola
non è solo suono

Słowo
nie jest tylko dźwiękiem

Presentazione

Questi sedici scritti, tratti da una più ampia e profana raccolta, sono stati tutti ispirati, ad esclusione del primo, dalla figura e dai giorni di Giovanni Paolo II.

Anche "Ascesa" però, scritto nel 1960 da un allora giovane sciatore e rocciatore, come lo era stato Lui, è certo in consonanza con quello che fu il Suo modo di sentire la natura, la montagna, gli spazi, la libertà, l'uomo.

Lui fu colpito nel fisico, tra una folla acclamante, il 13 maggio 1981, ma già ventisei giorni prima, il 17 aprile, nella Via Crucis di un piovoso Venerdì Santo, chi portava la Croce era ormai un uomo diverso da quello che aveva accettato, il 16 ottobre 1978, meno di tre anni prima, il pesante fardello di Pietro, che ora gli gravava, con echi profondi, nella mente, nel cuore, nel corpo.

Tutte le Sue successive sofferenze fisiche, indicibili e non sopportabili da qualunque altro uomo, sono state certamente per Lui assai più lievi del dolore che lo tormentava per le sofferenze di tutti gli altri uomini, e per la visione dell'ombra di un male che tenta sempre, dagli albori del mondo, di coprire il sole, le stelle e la luce dell'Amore.

Tutti i brani, in progressione temporale, sono datati perché furono scritti, come sotto dettatura, nel tempo stesso in cui gli avvenimenti li generavano, e se le parole di uno sconosciuto poeta possono costituire un davvero piccolo omaggio ad un grande Papa Uomo, l'uomo poeta ne sarà profondamente appagato.

Roma 8 aprile 2005

Wprowadzenie

Niniejszych 16 utworów, wyjętych z większego i świeckiego zbioru, powstało, z wyjątkiem pierwszego, z zafascynowania postacią i życiem Jana Pawła II.

Także utwór „Wspinaczka", aczkolwiek, napisany w 1960 roku przez młodego wówczas narciarza i alpinistę, podobnie jak był nim On (Papież), jest z pewnością zgodny z Jego sposobem postrzegania natury, gór, przestrzeni, człowieka, wolności.

Został On zraniony na ciele, wśród wiwatującego tłumu, 13 maja 1981 roku, ale już 26 dni wcześniej, 17 kwietnia, w czasie Drogi Krzyżowej w deszczowy Wielki Piątek, niosąc Krzyż, był innym człowiekiem, innym niż wtedy kiedy go przyjął, 16 października 1978 roku, niespełna trzy lata wcześniej w tej chwili ciążyło mu ciężkie brzemię Piotra, rozlegając się głębokim echem w myśli, w sercu, w ciele.

Wszystkie Jego kolejne cierpienia fizyczne, niewyobrażalne i nie do zniesienia przez kogokolwiek innego, były dla Niego z pewnością mniej bolesne, niż te, które dręczyły Go z powodu cierpienia innych ludzi i z powodu zła, które od początku świata, zakrywa słońce, gwiazdy i światło Miłości.

Wszystkie utwory, uporządkowane chronologicznie, noszą datę, ponieważ były pisane, jak pod dyktando, w tym samym czasie, w którym wydarzenia te miały miejsce i jeśli słowa jednego z nieznanych poetów mogą być rzeczywiście małym darem dla wielkiego Papieża Człowieka, dla poety człowieka będzie to najpiękniejszą nagrodą.

Rzym, 8 kwietnia 2005

molto sarà perdonato a chi

molto ha amato

wiele wybacza się temu

kto bardzo umiłował

Ascesa

L'appiglio che si forgia
sotto le dita
esperte.
L'erta
che cede brano a brano.
Il silenzio
dei soli
e la corda che oscilla.
E' giorno
e notte
sotto un cielo di pietra
sul bianco gelido mare
di libertà
raggiunto
con membra di cristallo
e tendini vibranti.
Ed è
afflato di fiamma
nell'arco
di un brivido del tempo.

(Bolzano, 1960)

Wspinaczka

Uchwyt który się formuje
w palcach
doświadczonych.
Strome wejście górskie
co się poddaje kawałek po kawałku.
Milczenie
samotnych
i kołysząca się lina.
Jest dzień
i noc
pod niebem kamiennym
na białym lodowatym morzu
wolności
zdobytym
kończynami z kryształu
i drżącymi ścięgnami.
I jest
tchnienie płomienia
w ciągu
jednego drgnienia czasu.

(Bolzano, 1960)

Venerdì di Passione
(a un uomo chiamato Paolo)

Gocce di pioggia
come lacrime.
Il volto è duro
impietrito
consapevole
ogni parola è inutile
o azione
o preghiera.
Ad ogni passo il peso
della Croce
che stringe
alla fronte
disperato
è pesante forse
come quella del Cristo.
Ad ogni passo
ascolta
l'eco di uomini che soffrono
nelle carni
e nell'animo
tutte le offese.
Ad ogni passo
la vita
a ritmi veloci
consuma vita
e solchi profondi scavano
un volto antico
appena ieri
giovane.
L'ultima dea è fuggita.
L'ultimo dio è impotente.
E piove.
Gocce di pioggia
come lacrime.

(Roma, 17 aprile 1981

Wielki Piątek
(człowiekowi, któremu na imię Paweł)

Krople deszczu
jak łzy.
Oblicze jest nieugięte
kamienne
świadome
zbędne każde słowo
jak i czyn
jak i modlitwa.
Co krok ciężar
Krzyża
który zrozpaczony uwiera
czoło
jest ciężki być może
jak ten Chrystusowy.
Co krok
słucha
odgłosu ludzi którzy cierpią
na ciele
i na duchu
wszystkie obelgi.
Co krok
życie
szybkim rytmem
zużywa życie
i głębokie zmarszczki drążą
stare oblicze
jeszcze wczoraj
młode.
Ostatnia bogini znikła.
Ostatni bożek jest bezradny.
I pada deszcz.
Krople deszczu
jak łzy.

(Rzym, 17 kwietnia 1981)

Questa nostra epoca

I nostri cimiteri
crescono
ai margini delle autostrade
come tragici fiori
alieni.
Li nutre veleno
e rumore
e l'alito rosso
di morti
subito dimenticati.
E' necessario
consumare in fretta
questa nostra epoca
che uccide la vita
ed anche
ci nega
l'infinito dolore
di nascere.

(Roma, agosto 1981)

Ta nasza epoka

Nasze cmentarze
rosną
na poboczach autostrad
jak kwiaty tragiczne
obce.
Żywi je trucizna
i hałas
i czerwony powiew
zmarłych
natychmiast zapomnianych.
Trzeba koniecznie
zużyć w pośpiechu
tę naszą epokę
która zabija życie
a także
odmawia nam
nieskończonego bólu
rodzenia.

(Rzym, sierpień 1981)

L'ultima cena	*Ostatnia wieczerza*
Juda sedeva in mezzo	*Judasz zasiadł w środku*
ma dura era la Croce	*ale twardy był Krzyż*
e dolenti le labbra	*i zbolałe wargi*
riarse	*wyschnięte*
da baci antichi	*od dawnych pocałunków*
sussurrati	*szeptanych*
sull'onda	*w falach*
della prima luce.	*światła Stworzenia.*
Ancora	*Jeszcze*
e ancora e ancora	*i jeszcze i jeszcze*
ovunque	*wszędzie*
il rito si consuma.	*spełnia się ten obrzęd.*
Urla	*Krzyczy*
oggi	*dzisiaj*
un mare tradito	*morze zdradzone*
la terra e l'aria	*ziemia i powietrze*
e l'uomo.	*i człowiek.*
Ed Egli	*A On*
giudice e vittima	*sędzia i ofiara*
già	*już*
sull'onda della prima luce	*w falach światła Stworzenia*
insegue	*podąża*
con occhi pietosi	*oczyma współczującymi*
il fondo del calice.	*ku dnu kielicha.*
Roma, agosto 1981)	*(Rzym, sierpień 1981)*

Ottobre 1981

Ancora una volta
il sangue d'uomini uccisi
colora
un'alba livida
mentre a rintocco il pianto
dei rimasti
accompagna
i nostri incerti passi.
Camerati.
Compagni.
Solo parole ma
ogni parola è frattura
contrasto
odio
ogni colore è bandiera
ogni pensiero
un proclama
e tingiamo di sangue
questa nostra
frazionata realtà.
Dare la morte è facile.
Quanto è più difficile
oltre i cancelli irti
delle parole
offrire
con palme ferite
una stretta di mano.

(Roma, 22 ottobre 1981)

Październik 1981

Jeszcze raz
krew zabitych ludzi
barwi zsiniały poranek
podczas gdy wybuch płaczu
tych którzy zostali
towarzyszy
naszym niepewnym krokom.
Koledzy.
Towarzysze.
Same słowa ale
każde słowo jest złamaniem
kontrastem
nienawiścią
każda barwa jest flagą
każda myśl
odezwą
i barwimy krwią
tę naszą
rzeczywistość.
Zadać śmierć jest łatwo.
O wiele trudniej jest
ponad najeżonymi bramami
słów
ofiarować
poranionymi dłońmi
uścisk dłoni.

(Rzym, 22 października 1981)

Pace

...è solo un po' d'amore.
Ama la pace chi
ama l'amore
e ancora sa
portare in cuore un sogno
asciugare una lagrima
carezzare un bambino
condividere un pane
perdersi tra due steli
abbandonarsi a un refolo
improvviso
inseguire una nuvola
rivestirsi d'un saio
ricordare un sorriso
e piangere
ogni vita che muore
la natura violata
la pietà che scompare
la verità tradita
l'illusione d'amare.

(Milano, aprile 1983)

Pokój

... to tylko odrobina miłości.
Kocha pokój ten kto
kocha miłość
i jeszcze umie
nieść w sercu sen
otrzeć łzę
pogłaskać dziecko
podzielić się chlebem
zagubić się między dwoma źdźbłami
poddać się nagłemu podmuchowi wiatru
gonić chmurę
przywlec habit
pamiętać o uśmiechu
i płakać nad
każdym przemijającym życiem
naturą pogwałconą
zanikającym miłosierdziem
prawdą zdradzoną
złudzeniem miłości.

(Mediolan, kwiecień 1983)

Seconda Ascesa

Ed anche questa volta me ne vado
per mai più
essere
tra coloro che soffrono
e che sanno la fame.
Ti lascio nel superfluo e nel buio.
Ho visto la mia morte e la tua vita
ed ho fissato
nell'attimo pietrificato dell'eternità
le tue colpe
e la mia illusione.
Ieri
come oggi
come domani
ti vedo come sei e quale
potevi essere.
Non chiedermi nuove occasioni
ogni momento è buono
ma ora
il tempo è consumato.

(Torino, maggio 1983)

Drugie Wniebowstąpienie

Także i tym razem odchodzę
by nigdy więcej
nie być
wśród tych co cierpią
i tych co poznali głód.
Pozostawiam cię
w nadmiarze i w ciemności.
Widziałem moją śmierć i twoje życie
i utkwiłem wzrok
w momencie skamieniałej wieczności
w twoich winach
i moich złudzeniach.
Wczoraj
jak dziś
jak jutro
widzę cię jakim jesteś i jakim
mogłeś być.
Nie żądaj ode mnie nowych okazji
każda chwila jest dobra
ale teraz
czas jest wyczerpany.

(Turyn, maj 1983

Equivalenze

Un fucile
    mille giorni di pane
un cannone
    mille anni
un carro di livido acciaio
    mille certi domani
e per ogni volante portatore di morte
    un centro per la vita.
Non colore di pelle
o lingua
o fede
fa di un uomo uno schiavo
ma un odio originario
è il solitario
padrone delle nostre menti.
Eppure
negli occhi dei morti spalancati
sopra ignoti orizzonti
o nei cuori
fusi nel ghiaccio per l'ormai
consueto
quotidiano olocausto
c'è
sempre
la memoria d'un attimo d'amore
che ancora e solo
ci consente
nella tenebra
di prendere sonno.

(Milano, ottobre 1983)

Równoważności

Karabin
    tysiąc dni chleba
armata
    tysiąc lat
czołg z sinej stali
    jutr pewnych tysiące
a za każde warczące skrzydło śmierci
    schronisko dla życia.
Nie kolor skóry
czy języka
czy wiary
czyni człowieka niewolnikiem
ale nienawiść pierworodna
jest samotnym
gospodarzem naszych umysłów.
A jednak
w szeroko otwartych oczach zmarłych
ponad nieznanymi horyzontami
czy w sercach
wtopionych teraz w lód przez
zwyczajną
codzienną ofiarę
jest
zawsze
pamięć tego mgnienia miłości
która jeszcze i jedynie
pozwoli nam
w ciemności
zasnąć.

(Mediolan, październik 1983)

Oggi

Oggi
luce e calore
d'armi leggendarie
aprono piaghe
che vedranno
ancora
gli occhi opachi
di lontani domani.

Oggi
gli esuli antichi
e immemori
sopravvissuti
ai gorghi del tempo
rendono
a fratelli di sangue
e di memorie
le stesse piaghe.

Oggi
un colore di pelle
o di pensiero
rende nemici gli umili
e accomuna i potenti.

Oggi
razionalmente
si proscrive
il diritto alla vita
ed al dolore.

(Roma, novembre 1988)

Dziś

Dziś
światło i ciepło
broni legendarnej
otwierają rany
które zobaczą
jeszcze
oczy matowe
dalekiego jutra.

Dziś
starożytni wygnańcy
i niepomni
niedobitkowie
w otchłani czasu
zadają
braciom we krwi
i w pamięci
te same rany.

Dziś
kolor skóry
czy myśli
czyni wrogami pokornych
i jednoczy potężnych.

Dziś
świadomie
zakazuje się
prawa do życia
i do cierpienia.

(Rzym, listopad 1988)

SARAJEVO 12-13

Sarajevo

Follia.
Nel mirino
una donna col pane
e dopo un vecchio
lento del peso dell'acqua
e dei ricordi
e poi un bambino
che muore
come per gioco
senza rimpianto alcuno.
Eppure si racconta
che la stessa
gelida mano
aveva appena
carezzato la sposa
la barba annosa del padre
ed i capelli
teneri
dell'ultimo nato.

(La Valletta, marzo 1993)

Sarajewo

Szaleństwo.
Na celowniku
kobieta z chlebem
i potem starzec
powolny ciężarem wody
i wspomnieniami
a potem dziecko
które umiera
jak dla zabawy
bez żadnego żalu.
A jednak się opowiada
że ta sama
lodowata ręką
dopiero co
pieściła żonę
starą brodę ojca
i mięciutkie
włoski
ostatnio urodzonego.

(La Valetta, marzec 1993)

<table>
<tr><td>

Venerdì di Passione
(...12 anni più tardi.)

Ancora una volta
sotto quella Croce
ci sono anch'io
ed ascolto
con Te
risuonarTi nel cranio
i vagiti mai emessi
e lo stridio dell'anime
strappate a forza
a tanti corpi vivi
d'ogni età
d'ogni razza
d'ogni credo
e sempre con la stessa
ancestrale ferocia.
Un boccone di pane è già rimorso
una sorsata d'acqua è come fiele
se non la condividi
con chi
muore per meno.
Nessun cuore ha corazza tanto dura
nessuna arteria pareti tanto spesse
da opporsi all'esplodere
d'un sangue
che rifiuta di scorrere.
E Tu
 ultimo Paolo
hai fin troppo sofferto
e lungamente atteso.
E' senza requie il lamento per fame
la sete di giustizia
l'anelito alla pace
ed oggi
già dagli albori del mondo
rassegnato
anche il Cristo pietoso della Croce
ci guarda
ci soppesa
e tace.

(Roma, aprile 1993)

</td><td>

Wielki Piątek
(... 12 lat później)

Jeszcze raz
pod tym Krzyżem
jestem także ja
i słucham
z Tobą
znów brzmiących Ci w głowie
lamentów nigdy nie wydanych
i przenikliwy krzyk dusz
wyrwanych siłą
z wielu żywych ciał
każdego wieku
każdej rasy
każdego wyznania
i zawsze z tym samym
dziedzicznym okrucieństwem.
Kęs chleba jest już wyrzutem sumienia
łyk wody jest jak żółć
jeśli się nim nie podzielisz
z tym kto
umiera bez nawet tego.
Żadne serce nie ma pancerza tak twardego
żadna arteria ścian na tyle grubych
by przeciwstawić się eksplozji
krwi
która odmawia by płynąć.
I Ty
ostatni Pawle
zbyt wiele wycierpiałeś
i długo czekałeś.
I bez ustanku lament z powodu głodu
pragnienia sprawiedliwości
gorącego pragnienia pokoju
i dzisiaj
już od początku świata
pogodzony z losem
także Chrystus z politowaniem z Krzyża
patrzy na nas
waży nas
i milczy.

(Rzym, kwiecień 1993)

</td></tr>
</table>

Pasqua '98

Padre
fratello
figlio
hai benedetto il mondo
e la Città
ad occhi chiusi
mentre
nel dolore
ancora affronti
l'infinita tortura della vita
e speri
con la mente e col cuore
che tutto non sia vano.
E' questo Tuo sperare
è questo Tuo soffrire
che ancora dà
sostanza e forma
a questa grande eternità di vuoto.
Aldilà della Fede
Tu sai
e il Tuo sapere
trasforma il volto Tuo
come quello dell'Uomo sulla Croce.
Quel lontano futuro di speranza
bussa alle nostre porte
disperato.
Sono sereno
ma ho
tanta voglia di piangere.

(Roma, 12 aprile 1998)

Wielkanoc 1998

Ojcze
bracie
synu
błogosławiłeś świat
i Miasto
z zamkniętymi oczyma
podczas gdy
w bólu
jeszcze stawiasz czoło
niekończącemu się cierpieniu życia
i ufasz
umysłem i sercem
że to wszystko nie będzie próżne.
To Twoje pokładanie nadziei
to Twoje cierpienie
nadaje jeszcze
istotę i formę
tej wielkiej pustej wieczności.
Nie tylko z Wiary
Ty wiesz
i Twoja wiedza
przemienia Twoje oblicze
jak to Człowieka na Krzyżu.
Ta daleka przyszłość nadziei
puka do naszych drzwi
zrozpaczona.
Jestem pogodny
choć
bardzo chce mi się płakać.

(Rzym, 12 kwietnia 1998)

Viaggio in Terra Santa

Con passo lento ma con saldo cuore
i sentieri hai percorso del passato
con occhi illuminati dall'amore
di chi lo dona anche se non riamato.

In ogni Fede hai visto la Speranza
e speri e preghi perché sia certezza
mentre nel mondo un male oscuro avanza
ed il vento del Bene è solo brezza.

    Del passato Tu hai chiesto perdono
    postulante ferito e innocente
    la Parola non è solo suono
    è Creazione del tutto e del niente.

    La Parola è il respiro di Dio
    la Parola ha creato la Luce
    per millenni è restata in oblio
    ma quell'eco è nella Tua voce.

Quel candido mantello che rifrange
la luce e il suono delle Tue parole
è l'ultimo rifugio di chi piange
per ferro o fame e solo Pace vuole.

Umiltà e Verità Ti sono accanto
e danno forza alle tremanti mani
nessuno al mondo ha mai sofferto tanto
forse perché Ti è noto già il domani.

    Un domani che all'alba del mondo
    fu già visto in un Calice amaro
    dove tutto era scritto sul fondo
    e il futuro d'amore era avaro.

    Ma Tu credi Tu preghi Tu speri
    e vorresti cambiare la sorte
    e domandi il perdono per ieri
    mentre tratti per noi con la Morte.

(Roma, 26 marzo 2000)

Podróż do Ziemi Świętej

Powolnym krokiem ale z sercem niewzruszonym
przemierzyłeś ścieżki przeszłości
z oczyma jaśniejącymi miłością
tego który nią darzy jeśli nawet nieodwzajemniona.

W każdej Wierze dostrzegłeś Nadzieję
i masz nadzieję i modlisz się by stawała się pewnością
podczas gdy w świecie ciemne zło postępuje
a powiew Dobra jest tylko lekką bryzą.

    Prosiłeś o przebaczenie przeszłości
    proszący zraniony i niewinny
    Słowo nie jest tylko dźwiękiem
    jest Stworzeniem wszystkiego i niczego.

    Słowo jest oddechem Boga
    Słowo stworzyło Światło
    przez tysiące lat było zapomniane
    ale to echo jest w Twoim głosie.

Ten śnieżnobiały płaszcz który załamuje
światło i brzmienie Twoich słów
jest ostatnim ratunkiem dla płaczących
przez żelazo lub głód i jedynie Pokoju pragnących.

    Pokora i Prawda Ci towarzyszą
    i drżącym rękom dają siłę
    nikt nigdy na świecie tak wiele nie wycierpiał
    może dlatego że Tobie już jest znane jutro

    Jutro które na początku świata
    zostało dojrzane w gorzkim Kielichu
    gdzie wszystko było napisane na dnie
    a przyszłość miłości była skąpa.

    Ale Ty wierzysz Ty modlisz się Ty masz nadzieję
    i chciałbyś zmienić los
    i prosisz o przebaczenie przeszłości
    podczas gdy o nas targujesz się ze śmiercią.

(Rzym, 26 marca 2000)

<table>
<tr><td valign="top" width="50%">

Via Crucis 2001
(vent'anni dopo)

In un presente sempre più insicuro
prostrato ai piedi di un'antica Croce
raccogli ancora l'eco di una Voce
che dava una speranza di futuro.

Ogni secolo è stato una stazione
di torture, di orrori, di violenza,
oggi c'è fede solo nella scienza
ma che sia Verità è un'illusione.

Tu, che nei gorghi del tempo sei passato
consapevole sempre del domani
sei sostenuto solo dall'Amore,

un Amore cocente e disperato:
su quella Croce sono le tue mani,
su quella Croce hai incastonato il cuore.

(Roma, 13 aprile 2001)

</td><td valign="top" width="50%">

Droga Krzyżowa 2001
(20 lat później)

W teraźniejszości coraz bardziej niepewnej
powalonej u stóp starożytnego Krzyża
nadal przyjmujesz echo Głosu
który dawał nadzieję na przyszłość.

Każdy wiek był stacją
tortur, okrucieństw, gwałtu,
dzisiaj wiarę dajemy wiedzy jedynie
ale łudzimy się, wierząc, że jest ona Prawdą.

Ty, który przeszedłeś przez wiry otchłani czasu
zawsze świadomy jutra
masz wsparcie tylko w Miłości,

to Miłość gwałtowna i rozpaczliwa:
na tym Krzyżu są twoje ręce,
na ten Krzyż osadziłeś serce.

(Rzym, 13 kwietnia 2001)

</td></tr>
</table>

L'ultimo Venerdì di Passione	*Ostatni Wielki Piątek*

<table>
<tr><td>

Quanto tempo è passato
e quanta storia…
Ora
la tua stella si spegne ma
la sua luce
fora
per sempre
i vuoti spazi
e il tempo.
Occhi alieni
di genti non ancora create
ti vedranno e con te
soffriranno
i residui bagliori della specie
dell'uomo.
E tu l'hai amata
questa razza feroce
e disperata
e
disperando
hai frapposto te stesso
al nostro
quotidiano
genocidio suicida.
Oggi
il Tuo Dio
beve ancora con te
il fondo antico
del Suo
calice amaro.

(Roma, 25 marzo 2005)

</td><td>

Ile czasu upłynęło
i ile historii …
Teraz
twoja gwiazda gaśnie ale
jej światło
wykuwa
na zawsze
puste przestrzenie
i czas.
Obojętne oczy
ludów jeszcze niestworzonych
ciebie zobaczą i z tobą
przecierpią
resztki blasków rodzaju
ludzkiego.
I ty kochałeś
tę rasę okrutną
i zrozpaczoną
i
rozpaczając
siebie samego włożyłeś
w naszą
codzienność
samobójczego ludobójstwa.
Dziś
Twój Bóg
pije jeszcze z tobą
do dna pradawny
Swój
kielich goryczy.

(Rzym, 25 marca 2005)

</td></tr>
</table>

L'ultimo pensiero

Io sto morendo
lo so che sto morendo.
Voi piangete per me
io
è per voi che piango.
Ora
si chiudono i miei occhi
ad un mondo d'orrori
senza pace
ma
dopo eoni di tempo
racchiusi a chi muore
in un istante
ancora s'apriranno
come
dopo un sonno fugace.
Un vivere feroce
l'ho sofferto
nella carne dolente
mentre
la mia mente e il mio cuore
venivano distrutti
ogni infinito istante dal dolore
di tutti.
Non rivede la luce
il violento
l'ingiusto
l'egoista
e chi calpesta
tutti i fiori del prato.
Ma se tu piangi
anche se senza fede
anelando giustizia
dalla culla all'avello
certo ti rivedrò
fratello.

(Roma, 2 aprile 2005 ore 21,37)

Ostatnia myśl

Ja umieram
wiem że umieram.
Wy płakać będziecie nade mną
ja
nad wami płaczę.
Teraz
zamykają się moje oczy
na przerażający świat
bez pokoju
ale
po kręgach czasu
domkniętych dla umierającego
w jednej chwili
jeszcze się otworzą
jak
po przelotnej drzemce.
Życie straszne
cierpiałem
w obolałym ciele
podczas gdy
mój umysł i moje serce
rujnował
w każdej niekończącej sie chwili ból
wszystkich.
Nie zobaczy światła
gwałtownik
niesprawiedliwy
egoista
i kto depcze
wszystkie kwiaty na łące.
Ale jeśli ty płaczesz
nawet jeśli bez wiary
pragnąc sprawiedliwości
od kołyski aż do grobu
z pewnością cię odnajdę
bratem.

(Rzym, 2 kwietnia 2005, godz. 21.37)

Ringraziamenti

Io sono pago di ciò che mi ha dato l'Uomo Paolo II, che è molto più di quanto io abbia potuto apprendere o di quanto potrò mai ancora, in questa vita, comprendere.

Ringrazio l'amico fraterno Prof. Marco Cardinale che mi presentò a Mons. Leonard Pawel Flisikowski, che mi ha onorato riportando nella lingua di Paolo II i miei pensieri. Non è stato certo un compito facile ma, anche se non conosco il polacco, so che mai delle semplici parole hanno trovato un interprete più appassionato: grazie, Mons. Leonard Pawel Flisikowski.

Ringrazio il Titolare della Chiesa di San Stanislao dei Polacchi in Roma, Don Piotr Studnicki e la gentile Sig.ra Joanna Potok e, in particolare, la Prof.ssa Agnieszka Stryjecka, del Diparimento di Studi europei, americani e interculturali della Facoltà di Scienze Umanistiche dell'Università La Sapienza di Roma, che ha proceduto con grande sensibilità alla redazione definitiva.

Ringrazio la mia Casa Editrice e il suo Presidente, che hanno reso possibile la realizzazione di un sogno.

Un mio caldo grazie va infine a tutti coloro che vorranno contribuire alla nascita e alla vita di un Fondo, affinché bambini in età scolare, orfani, italiani e polacchi e di altre etnie, attraverso lo studio e la reciproca conoscenza, possano imparare le regole auree della convivenza: apprendimento, comprensione, tolleranza, rispetto e amore.

Roma, primavera del 2011   salvatore giuliano franco

Podziękowania

Jestem bardzo rad z tego, co mi dał Człowiek Jan Paweł II, jest to czymś więcej niż rozumiem i będę w stanie kiedykolwiek w tym życiu pojąć.

Dziękuję przyjacielowi adwokatowi prof. Marco Cardinale, który mnie przedstawił jego przewielebności ks. Leonardowi Pawłowi Flisikowskiemu, który zaszczycił mnie przekładem na język Jana Pawła II moich myśli. Nie było to oczywiście łatwe zadanie, chociaż sam nie znam polskiego, wiem dobrze, że proste słowa znalazły tłumacza o wielkiej pasji: dziękuję Jego przewielebności ks. Leonardowi Pawłowi Flisikowskiemu.

Dziękuję duszpasterzowi pielgrzymów polskich z Kościoła Polskiego pod wezwaniem św. Stanisława M.B. w Rzymie, ks. Piotrowi Studnickiemu i szanownej pani Joannie Potok a także pani Agnieszce Stryjeckiej z Departamentu Studiów Europejskich, Amerykańskich i Międzykulturowych Uniwersytetu „La Sapienza" w Rzymie, która z dużą wrażliwością współpracowała przy ostatecznej redakcji tomu.

Kieruję słowa wdzięczności do mojego Wydawnictwa i jego Prezesa za spełnienie marzenia.

Serdeczne podziękowania składam też wszystkim, którzy nabywając ten tomik przyczyniają się do narodzin i życia Fundacji, gdzie dzieci w wieku szkolnym, sieroty, Włosi i Polacy oraz inne grupy etniczne poprzez naukę i wzajemne poznanie nauczą się złotych zasad współżycia: uczenia się, zrozumienia, tolerancji, szacunku i miłości.

Rzym, wiosna 2011   salvatore giuliano franco

2007/04/02